N°. II.

DE BAILLOT-MURE.

Citoyens,

Vous avez la réponse de Sauvageot, ou plutôt sa confession, comme on l'appelle; car, à quelques mensonges près, il avoue tout & se défend comme un homme battu. Aussi, j'en resterois-là, si la cause m'étoit personnelle. Mais ici, ce n'est plus la rixe du Cafetier avec le Chapelier; c'est le Citoyen qui attaque en face l'oppresseur, & qui, au péril de sa vie, achevera de le démasquer. Je redemande donc la parole.

Sauvageot, les inculpations que je t'ai faites, pesent plus que jamais sur ta tête; tu les a éludées par des mots, moi je te les prouve par des faits.

Laissons-là l'inconséquence d'aller lire au club ta réponse, après m'avoir fait chasser sans m'entendre, moi ton accusateur !

Tu parles de ta conduite à mon égard, lors de ma radiation. Oui, l'on sait combien elle fut modérée; oui, tu ne dis mot, tant que les autres crierent; oui, quand tu vis l'opinion prononcée contre moi, & le tumulte de la fureur mettre aux voix ma radiation, l'on sait avec quel ton hypocrite tu demandas l'ordre du jour; & ta fausseté fut si visible, que tes partisans même se disoient en riant : *oh ! il est bien sûr de ne pas obtenir ce qu'il demande.* Mais puisque tu te piques de générosité, pourquoi n'insistois-tu pas sur l'ajournement que je réclamois? L'homme probe eût demandé qu'on entendît son accusateur, qu'on l'entendît devant le Représentant même, parce qu'une conscience pure ne craint pas la lumiere. Sois franc, Sauvageot, & conviens que tu la craignois, toi.

Que tu te défends mal fur ce propos tenu par toi, & fi fouvent répété, que, *contre les ariftocrates il ne faut point de preuves matérielles !* Tu as donc oublié cette fortie que tu fis dans la fection du centre contre Derepas pere, lorfqu'à l'aide de ce beau principe, tu voulus affaffiner ce pere de famille qui demandoit un certificat de réfidence ? Tu n'avois pas mis les pieds dans ta fection avant la chûte de Robefpierre, & ce fut Guyot, juge de paix, qui t'y amena ce jour-là. Du refte, cette fcene d'oppreffion & de terrorifme n'étonne pas, quand on fe rappelle que ce fut toi, Sauvageot, toi, maire de Dijon, qui fis le Sbirre, qui alla à midi, dans la maifon de Derepas pere, pour l'arrêter, & qui, de colere de ne le pas trouver, arrêtas, au milieu de fes enfans éplorés, fa digne époufe, que la piété filiale conduifit elle-même à la maifon de détention.

Te difculpes-tu d'avoir fait réintégrer l'ex-prêtre Chauffier ? Non. Tu n'oferois nier qu'à ton retour de Paris, tu dis dans une maison, rue Berbisey : *Chauffier rentrera en place, où j'y perdrai la tête.* Aujourd'hui ton excuse est que l'ex-prêtre Chauffier étoit l'ennemi de l'aristocratie & du modérantisme. *L'ennemi de l'aristocratie ?* Tu disois la même chose de son cher neveu Demorey, & Demorey n'en est pas moins aux galeres, comme un frippon. *L'ennemi du modérantisme ?* Ah ! oui. Tiens, en voici deux preuves.

1°. Au club, lors de la discussion, pour ton infâme adresse, Ligeret demandoit qu'on abolît la question intentionnelle, parce qu'elle sauvoit quelques accusés. *Et moi je m'y oppose*, dit l'ex-prêtre, avec une sainte colere, *elle est utile ; & quand les preuves manquent contre les aristocrates, notre ressource est la question intentionnelle.*

2°. On envoie de Strasbourg à Dijon six citoyens pour servir d'ôtages. Chauffier va dans les prisons en qualité de commissaire. Les détenus lui observent que le souterrein où ils sont, est mal sain, humide, dangereux pour leur fanté. *Bon! bon!* répond l'ex-prêtre, *vous êtes bien. On meurt ici comme ailleurs.*

Après cela, comment ne le reconnoître, avec toi, pour l'ennemi du modérantifme? Mais en devois-tu moins exiger qu'il fe difculpât publiquement, puifqu'il avoit été publiquement inculpé, publiquement condamné? Quels avoient été fes juges? La fociété populaire, toutes les fections. Et toi, magiftrat de notre commune, toi qui te dis l'ami du peuple, voilà comme tu refpectes fon vœu!

Tu dis que tu n'as pas defpotifé & mené la fociété populaire à ton gré? Est-ce bien à tes concitoyens témoins ou victimes de ta tyrannie, que tu ofes tenir ce langage? Quoi! tu n'as pas entouré, trompé le Repréfentant Bernard; tu n'as pas influencé fa conduite, pendant le peu de temps qu'il refta à Dijon en feptembre 1793 (vieux ftyle)? Connoiffoit-il ceux qu'il a deftitués, ceux qu'il a mis en place? Le vœu du peuple a-t-il été consulté ? non ; toi, toi seul lui a désigné les victimes. Les intrigans qui l'entouroient, n'étoient qu'en sous ordre, tu en étois le chef. N'es-tu pas convenu que ce fut toi qui fis membre du conseil du département, ton prédécesseur Champagne, que tu avois fait destituer du conseil général ? Tu fis de même déplacer Millet, pour placer Ligeret. Tu fis de même déplacer Lerouge & Garnier, pour placer Guyot.

Aux épurations du mois de ventôse, qui a présidé ? toi-même. Et qui t'avoit fait président ? les vingt-quatre que tu avois désignés à Bernard, pour former le noyau de l'épuration ; ainsi une société libre étoit dépouillée, par un de ses membres, du droit de se choisir elle-même ses épurateurs ! Tu nous dis qu'en ta qualité de président, tu ne pouvois émettre ton opinion. Et pourquoi t'es-tu donc établi le défenseur, l'accusateur arbitraire de tous les citoyens ? Ne donnois-tu pas toujours ton avis, avant de mettre aux voix, & ne mettois-tu pas toujours aux voix, dès que tu avois énoncé ton avis ? Personne n'ofoit réfifter à tes volontés. Tes paroles étoient autant d'arrêts. Ton pere même, ayant ofé émettre fon vœu, tu levas fur lui la cloche avec fureur, & tu menaças de l'en frapper. Tes collegues, fatigués d'être obligés de fe foumettre au délire de ton imagination, te reprocherent plufieurs fois, que tu agiffois en defpote, & que tu influençois les délibérations. As-tu jamais fait droit aux réclamations des hommes probes, que tu avois chaffés de la fociété populaire, & qui, dans ce temps, demandoient à être entendus ? Ont-ils obtenu juftice ? non. Tu étois préfident, & ta politique étoit de bannir l'énergie & le caractere, pour tyrannifer à ton gré la foibleffe. N'eft-ce pas à cette tyrannie que nous pouvons reprocher la perte de deux patriotes de 1789, la mort de Charles, de Champagne, bons peres, bons époux, & à qui, malgré toute l'envie, on n'a pu reprocher, comme à tant d'autres, d'avoir profité de leurs places, pour s'enrichir des dépouilles de leurs concitoyens.

Mais le trait le plus odieux de cette prétendue épuration, c'eſt ta conduite à l'égard de Vaillant pere, homme intaƈt, connu par ſon patriotiſme, & par ſon dévouement à la choſe publique. Il t'avoit, il eſt vrai, déplu, dans l'affaire de l'ex-prêtre Chauffier. Tu le fis chaffer de la ſociété populaire, bientôt il y fut rappellé par ſes concitoyens, aux applaudiffemens du public; & le même ſoir, de fureur, tu ſurpris à Bernard un ordre qui le fit incarcérer?

Et tu n'es pas le tyran de mon pays?

Mais pour revenir une derniere fois ſur cette épuration, comment s'eſt-elle faite? Les vingt-quatre membres nommés par toi étoient la plupart de la municipalité. Lorſqu'on épuroit un individu qui ne te plaiſoit pas, tu l'accuſois d'être *fédéraliſte*. Et comment le prouvois-tu? Tu diſois qu'il avoit parlé contre toi, ou contre tel membre de la municipalité! & quand, malgré cela, le vœu général ſe prononçoit en ſa faveur, tu prenois la parole, tu criois avec fureur contre l'individu ; & enfuite, au lieu de mettre aux voix le vœu général, tu y mettois le tien, & il paffoit ! . . . Société populaire, fociété jadis libre, de Dijon, quand donc ouvriras-tu les yeux ? Il t'a tyrannifée, il t'a déshonorée aux yeux de la France, il t'a rendue le fléau de notre ville & des communes voifines ; & tu es encore à réclamer ! Et l'homme courageux, qui plaide ta caufe contre ton tyran, tu le chaffes fans l'entendre !

Sauvageot, je t'ai accufé d'avoir le caractere violent, fanguinaire. Que réponds-tu ? que c'eft le feu de la liberté qui t'anime. Quoi ! le feu de la liberté t'auroit-il conduit dans les prifons, auprès de Moreau, un quart d'heure avant fon fupplice, pour infulter à ce malheureux, pour l'accabler d'injures atroces, & dans quel moment ? pendant que le bourreau lui lioit les mains derriere le dos, dans le moment où toutes les haines, toutes les paffions doivent difparoître, & où, sur-tout, le magistrat du peuple doit respecter la victime de la loi ! Aussi, si tu es susceptible de remords, Sauvageot, tu n'oublieras jamais sa réponse : *lâche ! peux-tu donc ainsi insulter au malheur ?*

Non, Sauvageot, non, tu n'es pas un tyran : en voici la preuve. Le jour que Brenet se sauva du château, le concierge ordonna aux détenus de rentrer à huit heures, au lieu de dix, qui étoit l'heure ordinaire. Ils refuserent. C'étoit dans un mois de chaleurs insupportables. Le concierge appelle le commandant du poste : celui-ci entend les raisons des détenus, & se retire. On t'envoie chercher. Dix heures étoient sonnées. Les détenus étoient rentrés. Tu arrives au milieu de la cour, entouré de la garde dont les uns étoient armés, les autres portoient des torches, et tu dis : *les mâtins ont bien fait de rentrer, je les aurois fait fusiller.* Un seul se mit à dire : *oh !* aussi-tôt, tu cherches la victime. Tu apperçois à une fenêtre Parigot, ancien militaire; tu le fais coucher en joue, pour savoir d'où étoit partie l'exclamation. Il l'ignoroit, & reste ferme à contempler ta barbarie. Enfin, tu parviens à savoir qui avoit proféré le mot *oh !* & Pasquier est traîné au cachot !

Sauvageot, tu te dis humain. En voici la preuve :

Calon, détenu au château, & attaqué d'une rétention d'urine, fit réclamer au conseil général, *que tu présidois*, les secours de la chirurgie. Il prioit instamment qu'on lui fît venir le chirurgien Hoin qui avoit sa confiance. Jamais il ne put l'obtenir. Les détenus eux-mêmes, témoins de ses souffrances, demandoient pour lui cette grace, à mains jointes. Tout fut inutile. Tu t'y opposas. Quelques jours après, Frank-Chaussier s'y transporte; mais le mal étoit devenu incurable, l'opération n'eut aucun succès, & l'infortuné est estropié pour le reste de ses jours.

Autre preuve de ton humanité.— Un volontaire de Semur, blessé à la jambe, aux lignes de Wissembourg, venoit en convalescence chez son pere. Celui-ci, peu fortuné, l'engage à aller travailler de son état de charron à l'arsenal d'Auxonne, jusqu'à ce qu'il soit parfaitement guéri. Il arrive à Dijon. Il se présente à la commune *que tu présidois*. Il t'expose ses motifs, & te demande une permission. Tu la lui refuses, & tu lui dis de rejoindre son bataillon. Il ose encore répondre. Tu ordonnes de le conduire en prison, où il est resté jusqu'à ce que le mal de sa jambe empirant, faute de soins, on fut obligé de le porter à l'hôpital.

Tu parles de vertu! écoutez, citoyens, comme il prêche la piété filiale. A la commune, le 19 germinal, un des fils du citoyen Morelet sollicite la permission d'aller dans une commune voisine, pour y renouveller un bail, à la place de son pere qui venoit d'être arrêté. *Qui es-tu ?* il répond : « je suis un fils Morelet. » — *Un fils Morelet !* replique Sauvageot, avec ce ton brutal qui lui est ordinaire, *tu* es un aristocrate. — « Hélas! répond ce » jeune homme, qu'ai-je donc fait pour » m'attirer ce nom ? » — *Ne me dis-tu pas que tu es un fils Morelet ? eh bien ! tu es un aristocrate, oui, un aristocrate; & si tu ne l'étois pas, tu ne viendrois pas réclamer pour ton pere, & tu quitterois sa maison. Tu n'auras rien.*

Tu dis, Sauvageot, que tu n'as jamais influencé ? En voici une preuve. Le citoyen Utinet, du Bourg, venoit d'obtenir à la section du Centre un avis de civisme. Philippe Barbuot obtient dans cette entrefaite, après bien des débats, un certificat de résidence. Une voix s'éleve, & dit en parlant de Barbuot. *Je suis bien aise qu'il l'ait obtenu : c'est un brave homme.* Tu l'entends. Tu cries à l'aristocrate. On t'observe qu'il n'est point un aristocrate, que c'est le même Utinet qui vient d'obtenir un avis de civisme. Indigné de voir qu'on ne pensoit pas comme toi, tu persistes, & tu forces la section à rapporter sa délibération.

Si ce n'est pas influencer, qu'est-ce donc ?

Tu dis que je t'accuse d'avoir souffert qu'on lût au club les motifs de suspicion des comités contre plusieurs citoyens : non ; c'est de t'être opposé à ce qu'on les lût, que je t'accuse : & pour preuve, je te renvoie à la motion de Guyot, oui, de Guyot le juge de paix, qui en demandoit la lecture. *Il suffit*, lui répondis-tu, *que le comité les ait déclarés suspects, pour qu'ils le soient ; & toute autre demande est celle d'un modéré.* A ce reproche de *modéré*, Guyot resta ébahi.

N'as-tu pas fait prendre à la société populaire une délibération, par laquelle elle reconnoîtroit pour suspects tous ceux qui s'intéresseroient pour des détenus ? eh bien ! lis le procès des Nantais ; tu y reconnoîtras la même délibération.

Que réponds-tu, Sauvageot, au sujet des dilapidations commises dans les prisons ? Tu dis que les concierges destitués, & en qui on avoit reconnu des délits graves, ont été traduits devant les tribunaux. Eh bien ! tous ne l'ont pas été, & en voici la preuve. On dénonça à la commune un ci-devant concierge du Séminaire, pour avoir exigé des détenus 250 livres par mois, pour leur avoir gardé le vin qu'on leur envoyoit, & le leur revendre enfuite 30 fols la bouteille; pour avoir gardé leur linge, comme pouvant fervir à fa perfonne, &c. &c. &c. Le confeil juftement indigné, le deftitue à l'unanimité, & demande pour le lendemain un rapport exact fur les faits: le lendemain, l'ex-concierge paroît à la barre, & demande effrontément les motifs de fa deftitution. Forey, fur ton invitation, lui allegue quelques faits. « *Mais que me reproches-tu ?* reprend le concierge, *je n'ai fait qu'exécuter tes ordres.* » Le débat devenoit vif. Tu ne l'entendois pas de fang froid; & redoutant la clarté du reverbere, tu profitas de ton afcendant, pour renvoyer le tout à la prudence de l'agent national, qui, craignant d'en trop favoir, paſſa forcément à l'ordre du jour.

Je ne te parlerai point de la violation du fceau des lettres; je te renvoie à ton ami Arfon qui en a lu à la tribune du club, notamment une de Legras, timbrée du fceau de la république. Auſſi, à qui doit-on demander compte des aſſignats perdus dans les poſtes, des fecrets de famille devenus la rifée publique, de la confiance perdue dans le commerce? eſt-ce aux prépoſés de la poſte, dont les réclamations étoient alors impuiſſantes, ou plutôt aux décacheteurs de lettres, qui les emportoient, où? fouvent au cabaret! Sauvageot, tu étois le premier magiſtrat, tu étois là, tu le fouffrois.

Tu dis, Sauvageot, que tu as toujours prêché l'exécution des loix; que tu ignorois que la profeſſion de foi des Marſeillois eût été affichée au café Lavergne! Toi, l'ignorer? tu y es tous les jours. La Convention improuve cette adreſſe, & toi, magiſtrat du peuple, tu fais délibérer au club, que cet écrit subversif de tous les principes, sera réimprimé au nombre de mille exemplaires, aux frais de la société, & il l'a été.

Quant à cette autre adresse, la honte de notre ville, & dont elle ne se lavera qu'en prouvant, par ton expulsion, qu'elle n'étoit pas libre, tu oses soutenir qu'elle a été signée librement, & qu'on n'a point fait de menaces ? Voici tes paroles : *Président ! je demande que l'adresse soit signée par appel nominal, & qu'on tienne note de tous ceux qui ne la signeront pas.* Un membre ajoute : *& qu'on les déclare suspects.* — Tu reprends avec vivacité : *C'est tout dire, c'est tout dire.* —Du reste, cette tyrannie doit-elle étonner, lorsqu'après la chûte de Robespierre, tu dis au café, en lisant la Gazette générale de l'Europe, qui exprimoit son indignation pour les partisans de ce scélérat : *Comme municipaux, nous avons la police de sûreté; il faut proscrire ce journal.*

Tu dis que tu n'as point refusé de passeports à des citoyens, en motivant tes refus par ces mots : *Ta mine me déplaît, tu es un ariſtocrate ?* Citoyens Coquard, Marchet, citoyenne Genot, à qui il a fait la même réponſe, levez-vous pour le démentir.

Qu'il ſe défend gauchement ſur l'exiſtence du comité central & ſur ſes opérations ! L'approbation qu'il lui donne eſt une des plus fortes taches dont ce comité ſoit ſouillé. Quel pouvoir plus redoutable que d'agir ſans tenir regiſtre des délibérations ; & n'eſt-ce pas ſe jouer de la vie des hommes, que de motiver leur arreſtation ſur des faits qui n'ont eu lieu qu'après cette époque ? Beſſon a été arrêté le 12 floréal dernier. Couſin ſon beau-frere a été guillotiné les derniers jours de meſſidor. Eh bien ! on a motivé l'arreſtation de Beſſon ſur ce qu'il étoit beau-frere d'un condamné par le tribunal révolutionnaire ; c'eſt-à-dire, ſur un fait qui n'a eu lieu que deux mois après !

Sauvageot, je ne te répéterai point l'affaire du Jura. Un autre s'en charge.

Mais je ne puis paſſer ſous ſilence ta converſation avec Gillotte & Lorry à Auxonne. Ils te repréſentoient les ſuites dangereuſes de notre démarche, comme pouvant amener la guerre civile : que répondis-tu ? Que tu avois appris tout ce qui ſe paſſoit à Lons-le-Saulnier, par le moyen d'un faux mandat d'arrêt que Brillat avoit remis à un gendarme. — *Quoi ! ce mandat d'arrêt dont Opinel étoit accuſé d'avoir empêché l'exécution, étoit faux ?* ... Tu connus ta ſottiſe, tu divaguas.

Quand je t'accuſe d'avoir ſouffert qu'un de tes freres, bien portant, robuſte, reſtât oiſif à Dijon, tandis que d'autres volontaires, ſeuls ſoutiens de leur famille, ont été contraints de rejoindre leur bataillon? Tu réponds qu'il avoit un congé abſolu. Mais tu ne nous dis pas que malgré ce congé abſolu, il fut obligé de mettre la main au chapeau, qu'il tomba au ſort, & que tu parvins, toi magiſtrat, à empêcher qu'il ne partît ; que l'on cria contre ce paſſe-droit, & que tu n'en tins compte.

Quant à ton autre frere que tu nous dis être fur la frontiere, j'avoue qu'à fon retour de Lyon tu lui fis quitter fon bataillon pour entrer à l'hôpital, en qualité d'éleve en chirurgie, avec les appointemens de 2400 livres, quoiqu'il ne connut pas une lancette ; j'avoue encore qu'il eft véritablement dans l'armée du Rhin, non pour combattre l'ennemi, comme tu le rapportes, mais pour eftropier fes camarades dans un hôpital, moyennant les mêmes appointemens.

Quant à la veuve, tu nous renvoies au juge de paix ; ce feroit plutôt à la veuve à t'y renvoyer.

Quand je te reproche ton immoralité, tu en appelles au témoignage des femmes de détenus qui font venues te fupplier chez toi ! En vérité, le rire prendroit, fi l'on ne baiffoit les yeux. Le malheureux veut qu'on lui fache gré de n'avoir pas outragé l'infortune éplorée ! Voilà, felon Sauvageot, des preuves de moralité ! Que n'alléguoit-il plutôt fa réponfe à une parente de Clairdeloi, lorsque cette femme d'un gendarme national demandant à la barre de la municipalité un passe-port, lui, magistrat du peuple, lui dit : *Que veux-tu aller faire à Besançon? énerver ton mari? tu n'auras rien.*

A la décence d'une telle réponse à une épouse, on peut joindre l'humanité de celle-ci envers un citoyen. Nicod fait demander à la municipalité la permission de sortir du château, accompagné d'un garde, pour aller prendre des certificats de résidence dans le département de l'Ain: le magistrat Sauvageot répond : *Nicod n'est pas en état de faire cette dépense, c'est un vrai gibier de guillotine.*

La femme Richard voit son fils près de périr sur l'échafaud, parce qu'il n'avoit pu obtenir ses certificats de résidence; cette malheureuse mere, âgée de 76 ans, fait un mémoire, pour prouver que son fils ne peut tout au plus être condamné qu'à la déportation. Eh bien ! pendant qu'elle distribuoit ce mémoire aux juges de son fils, elle est arrêtée, elle est sans pitié incarcérée ! — *Ce n'est pas moi qui l'ai ordonné.* Sauvageot, tu le savois, puisque tous les soirs, à la commune, au conseil secret, l'on t'apportoit la liste des victimes incarcérées. Tu as donc consenti à cette atrocité ; oui, je dis *consenti* ; car le silence du magistrat sur le crime qu'il connoît, équivaut aux applaudissemens de la multitude.

Faut-il tout dire ? n'a-t-il pas été pris, par le conseil général de la commune *que tu présidois*, un arrêté portant que les écrous des détenus comme *suspects*, seroient biffés, & que ces individus seroient écroués de nouveau comme aristocrates, & MIS HORS DE LA LOI ? Ce sont les termes ; nie-les, si tu l'oses : je les copie sur le registre des écrous.

Des peres de famille, détenus seulement comme *suspects*, mis hors de la loi !

Je me lasse . . . . , citoyens, suspendez les renseignemens que vous m'apportez en foule : ce fera pour un 3ᵉ. numéro, s'il a lieu. Sauvageot, quel témoignage contre toi, que cet empreffement de tes concitoyens à donner connoiffance de ta conduite à ton accufateur ! Si de ces inculpations que je te fais ici, j'en alléguois une feule contre un de ces citoyens probes que ton inquiette & tyrannique jaloufie a repouffés dans l'ombre, mais qui n'en font pas moins couverts de l'eftime publique, j'aurois toute la ville contre moi ; mais contre Sauvageot, chacun veut les lire : la ville, les fauxbourgs, les campagnes, les diftricts voifins, tout fe les arrache, tout répete, *il a dit la vérité*, & IL N'A PAS TOUT DIT. Magiftrat du peuple, toi qui n'as de pouvoir que par la confiance, quel témoignage contre toi, que ce cri univerfel !

Citoyens, voilà des faits, & je ne cite que ceux dont les témoins font prêts à fe lever. A préfent, je vous le demande de bonne foi, eft-ce là le magiftrat d'une ville libre ! eft-ce là un fonctionnaire public d'un peuple régénéré ?

Obéissance aux loix, & respect aux autorités constituées, c'est le devoir du républicain; mais le cri de l'opprimé contre l'oppresseur, n'est-il pas un droit de la nature, & notre code constitutionnel ne l'a-t-il pas proclamé ? eh bien ! le moment du silence est passé, c'étoit le moment de l'esclave. Hommes libres, parlons; & puisque la vérité seule peut aujourd'hui délivrer notre pays; que la vérité seule, mais la vérité dans toute son énergie, soit à l'ordre du jour; un mandataire du peuple est ici pour l'entendre : levons-nous donc légalement à sa voix, & disons à Sauvageot, mais seulement en présence de la justice nationale : *roi de Dijon, descends du trône, & retourne à tes chapeaux. Il est toujours utile de couvrir la tête à ses concitoyens ; mais il est toujours nuisible de la leur faire baisser.*

Vive la République !

Signé BAILLOT-MURE.

A DIJON, DE L'IMPRIMERIE DE FRANTIN, l'an 3ᵉ.

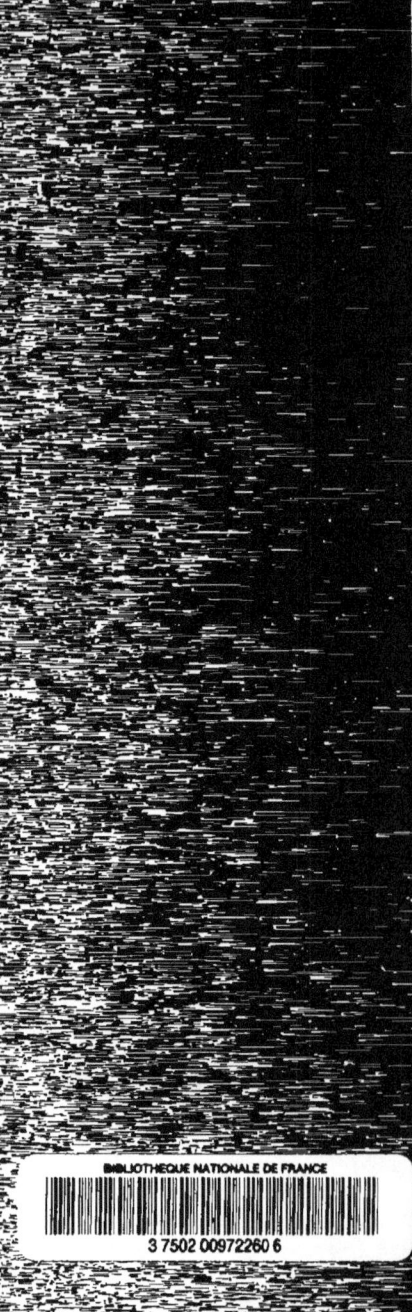

www.ingramcontent.com/pod-product-compliance
Lightning Source LLC
Chambersburg PA
CBHW060605050426
42451CB00011B/2093